DISCOVRS
CONTRE
LA MESDI-
SANCE.

A PARIS.

Chez Lvcas Breyel, tenant sa
boutique au Palais en la
gallerie des pri-
sonniers.

1600.

Auec priuilege du Roy.

A
MADAMOISELLE
ELIZABETH
DE LIGNY.

MAdamoiselle
L'intelligen-
ce de l'esle-
ctiõ que nous
faisons des
choses, efface ordinairement
la mauuaise impreßion que
l'on s'estoit formée de nostre
conception : car ce siecle fertile

A ij

en censeurs pour se mocquer,
& sterile en la censure pour
reformer, trouue tousiours des
defauts, lors que l'on chasse le plus à veue, & m'asseure
qu'en ce discours qui les touche
le plus, ils s'aigriront dauantage, dautant mesmes qu'il
vous est consacré: car n'ayant
cognoissance de ceste imperfection que par l'ouye, ils vous
tiendront pour iuge incompe-
tent. Mais l'agassement de ces
Pies n'empesche point mon
voyage, ie brosse ces espines
sans m'esfleurer, & le presen-
te à vostre vertu, comme vn

malade à son medecin. Vostre
ieune âge est conduict d'vn
iugement assez chenu pour dis-
cerner le faux du veritable, &
& la conuersation des compagnies vous a donné assez de
cognoissance pour espouser la
iustice de mes raisons, qui ne
pourront manquer de puis-
sance s'ils ont l'appuy de vostre defense, ny de lumiere si
elles sont illuminees de la splendeur de vostre bel esprit, qui
pourra d'vne mesme flame es-
clairer leur obscurité, & con-
sumer l'oppiniastreté de ceux
qui voudroyent s'opposer à

A iij

l'encontre. Voila mon intelli-
gēce: fauorisez, s'il vous plaist,
mon eslection. Et bien que cecy soit indigne de vos perfections, souuenez-vous que c'est
à la ligne droicte de redresser
tout ce qui luy est opposé, &
que les belles ames nous sont
icy comme des astres terrestres
qui nous communiquent leurs
influences selon que plus ou
moins nous en approchons.
Que si i'ay trop osé pour auoir
choisi le plus parfaict, ne fon-
dez pas toutesfois les aisles de
mon zele par vostre disgrace,
puis qu'il n'a pris son vol que

*sur l'humilité de l'obeiſſance
que deſire vous rendre toute
ſa vie,*

MADAMOISELLE,

Voſtre tres-humble &
obeiſſant ſeruiteur

A.   T.

CONTRE LES MESDISANS.

STANCES.

CEs hommes desbordez dont
    l'ame n'est repue
Que du sang de l'honneur, de
    haine & de discors,
Qui comme des Vautours ne volent
    qu'aux corps morts.
Et qui ne cerchent rien qu'vne hu-
    meur corrompue.

Estonnent bien souuent quelque ieune
    Ephemere
Où la Constance meurt & fleurit tous
    les iours,
Car ces ieunes leurons ignorans leurs
    destours
Cheminent contre vent & cerchent
    leur misere.

A v

Mais contre vn vertueux sur lequel le
  desordre
N'eut iamais le pouuoir d'estendre ses
  liens,
Leur discours n'est qu'vn vent comme ces petits chiens
Qui abbayent assez, mais qui ne peuuent mordre.

Ainsi que l'arbre triste autrement dit
  syngade,
Ne verdit que la nuict & fanit au
  soleil:
Ainsi le mesdisant aussi tost qu'il
  void l'œil
D'vne grande vertu, deuient lasche
  & tout fade.

Car la detraction c'est vn grand vent
  qui brusse
La vigne de vertu quand elle est en sa
  fleur,
Mais vn courage meur chasse ceste vapeur
Et pour la vanité iamais il ne recule.

Comme la pierre Asbeste ou plume de
Salmandre
Quand elle est allumee elle n'esteinct
iamais:
Aussi quand la Vertu fait reluire nos
faicts,
Le médire ne peut triompher dans leur
cendre.

La chandelle qui brusle a la flame plaisante
Mais quand elle finist ce n'est que puã-
teur
Tout ainsi le discours de quelque grãd
causeur
Plaist au commencement, mais la fin
est relante.

On dict qu'en Allemagne au costé de la
Frize
Vne fontaine fait tomber toutes les
dents,
Mais ie voudroy plustost à tous ces
mesdisans,
Des dents pour chastier leur langue
mal-apprise.

A vj

Helas que ne vont-ils pres le fleuue Or-
chomene
S'abreuuer de ceſte eau qui pert le ſouuenir?
Ce breuuage à la fin les feroit deuenir
Auſſi pleins de reſpeſt qu'ils ont la
teſte vaine.

Mais quoy? leur naturel a telle accouſtu-
mance
A parler d'vn chacun que pour les
bien ranger
Il faudroit vne mort pour les faire
changer
Et pour leur faire voir le ſejour du ſilence.

DISCOVRS
CONTRE LA
MESDISAN-
CE.

Lya des choses plus aisees à re-trácher du tout qu'à bié regler, (Synesie) mais en ces cer-ueaux percez, vuides de sens, & pleins de bruict, en qui la langue est plus for-te que la Nature, on leur

osteroit pluftoft la vie,
qu'on ne leur establiroit le
silence, & leur surdité vo-
lontaire se ferme plus facilement qu'elle ne s'ouure
à l'intelligéce de la raison,
leur langue est vn mou-
uement perpetuel qui ne
s'arreste que par leur fin.
Dequoy doncques peu-
uent seruir les loix ou le
Magistrat n'a point de seu-
reté ? En vne tourmente
cōtinuelle les meilleurs pi-
lotes sont inutiles, & ces
cheuaux si frenetiques, ne
meritent pas qu'on leur

donne le mords. Ce n'est
pas ce que ie veux entre-
prendre aussi par ce dis-
cours : car ie sçay qu'il y a
moins de honte de per-
mettre l'vsage d'vne cho-
se dangereuse, que de mō-
strer son impuissance en la
voulant reformer.   Mais
cōme nous sommes con-
duits en la contemplation
de toutes choses, non seulement pour le desir que
nous auons de les cognoi-
stre & d'en vser, mais aussi pour les admirer. Ce
dernier, seul m'a forcé de

donner lumiere à ceste lõ-
gue meditation , ne pou-
uant assez m'esmerueiller
d'où peut proceder que la
nature humaine soit tant
addonnée à la mesdisance,
le but où tirent tousiours
ces grãds causeurs, & d'où
vient que ce vent de Cœ-
sias ou de Galerne tire à
soy les nuees de tant de
vaines paroles, pour noyer
la renommee des innocẽs.
Car aux autres vices nous
y sommes ordinairement
attirez par les chatouille-
mens de la chair, mais en

cestuy-cy nous y sommes
portez par nostre seule
malice. Il m'est donc ne-
cessaire de vous monstrer
quelle est ceste médisance
en son estre, quels conten-
tements peuuét tirer ceux
qui en vsent, & les moyés
dela ruyner par le mespris.
La Mesdisance est vn scá-
dale plein de mésonge en
la renómee du prochain,
vn aspic qui cherche conti
nuellement de picquer ce
ste partie noble de l'homme. l'ay dy auec menson-
ge, non que i'approuue la

veritable , mais d'autant
que ceste-cy est plus in-
supportable , sa racine est
en la volonté, & son siege
en la langue. Ie luy donne
deux côseillers, la Presumption & l'enuie, l'vne viét
de la bonne opinion qu'ô
a de soy , & qu'en blas-
mant autruy , il semble
qu'on se loüe soy mesme,
L'autre de regret qu'on a
de voir vne vertu pleine
de splendeur & sans aucu-
ne tache, laquelle on pen-
se pouuoir obscurcir par
la calomnie, & qui toutes

fois se rend plus lumineu-
se ces brouillards estáns
dissipez , son subiect est
ordinairemét pris des choses les plus purifiees, elle se
nourrit auec les ames les
plus desbordees , & se fait
voir en son lustre dans les
cópagnies les plus vitieu-
ses. Et comme la corruptió
qui est le principal effect
de l'aneantissement des
choses , leur est aussi vne
cause originaire de la vie,
ainsi ceste vapeur conta-
gieuse n'a pas si tost esteint
ceste plante de l'honneur,

qu'elle ne produise incon-
tinant la desfiance, la haine, les querelles, les meur-
tres, & ces peines innume-
rables qu'encourent ordi-
nairement ceux qui ayme[nt]
mieux perdre vn amy
qu'vn bon mot. Mais qui
pourroit faire vne nauiga-
tion fortunes ayant deux
Poles tousiours errans, l'I-
gnorance & l'Impruden-
ce? & toutesfois c'est par
eux que sont côduits ceux
qui prennent la rame dans
ce vieux vaisseau des Argo-
nantes, (car l'homme sça-

uant la desdaigne, & le sage s'en eslongne du tout)
Ce sont ces deux Pilastres
sur lesquels ce grand Idole est appuyé : mais d'autant qu'ils ne sont cimen-
tez que sur vn sable mou-
uent, il est maintesfois ter-
rassé & comme aneanty :
c'est en peu de mots ce
que ie vous en puis dire de
sa nature.

Quant au contentemét
qu'on en retire, c'est où ie
me trouue plus empesché
pour vous en faire la de-
scription : car tout con-

tentement se rapporte ou
à la vertu, ou à la volupté,
ou à l'vtilité, & ie ne trouue en cestuy-cy pas vne de
ces trois choses : pour la
vertu il luy est du tout cō-
traire, puis qu'il s'efforce
de ruiner ceux qui suyuent
les choses honnestes. Pour
la volupté, elle ne peut e-
stre receue que par l'vn des
cinq sens naturels, & celuy
qui mesdit n'en met pas vn
en vsage. Et quand à l'vtilité il en est si esloigné qu'vn
mesdisant est tousiours asseuré de quelque domma-

ge, ou pour le moins d'acquerir force ennemis, (que
l'on doit plus craindre que
toute autre perte.) Quoy
doncques? sera-il possible
qu'vne chose si domesti-
que & si familiere en no-
stre siecle, soit estrangere
& contraire à l'ordinaire
de toutes les actions, &
qu'elle n'aye non plus de
but à ses desirs, que de fin
en ses mouuements? Qui
voudra se laisser aller à
l'apparence, mesmes pro-
fonder la chose bien auant
cecy semblera veritable,

mais il est trop eslongné d
la nature ordinaire po
en tirer vne resolution
absolue. Tout ce qui a e
commencement doit au
si auoir vne fin : rien n'e
icy bas sans quelque re
me, & comme le Souue
rain a planté des bornes
toutes les creatures en
creation, il faut aussi qu
l'homme mette des limi
tes à ses intentions. Pou
donc en rencontrer quel
qu'vne en ceste-cy, il faut
que ie recerche les chose
de plus haut, & que ie vous

marque particulierement
ceux qui en vsent.

Vn Mesdisant est ordi-
nairement vn homme de
neant, sans science & sans
experience, aussi effronté
qu'il est souuent propre à
receuoir des affronts, qui
vict d'vne vie lasciue, &
qui balance toutes les a-
ctions d'autruy au poix de
sa folie, sans iugement, &
qui iuge de tout à la vo-
lee. Il n'a point d'autres
mains aussi que ses yeux,
toute son ame est enclose
en sa veuë, & petit fils de

ceste Fee Lamia, il ne m
iamais ses yeux que quan
il sort hors de chez luy, c
ceste ophtalmie (ou mal
die des yeux) qu'il a co
tinuelle, se refleschit en l
interieurement, il destou
ne la verité au canal de
passion , & comme le f
de ceste fontaine qui
en Scandiglie ne peut m
ure sans icelle, & qu'au
tost qu'il en perd l'amo
ce il se perd : aussi ne pe
il viure sans la Mesdisanc
& les pleurs de ceux qui
calomnie , luy seruent

nourriture côme la pluye
faict au feu qui sort des
montagnes d'Ephestia, sa
langue faict comme le
ressort d'vne horloge, lé-
quel depuis que l'arrest en
est lasché deuide tousiours
tant qu'il y a de la corde en
la fusee. Aussi n'a-il iamais
de reflus en ses propos nõ
plus qu'vne mer medite-
ranee, & le plus grand
mal, c'est que son discours
est plus dangereux en son
estendue, que lors qu'il le
profere, semblable aux
vents, lesquels plus ils es-

longnent leurs aires, plus
ils renforcent leurs aisles,
& en cela vous remarque-
rez vne chose fort mon-
strueuse, de voir vn hom-
me auoir la langue plus
longue que la main. Que
feroyent-ils quand ils n'ot
que du vent dans la teste?
Mais ce vent porte des cendres en l'air qui engendre
des vlceres, comme aux
Egyptiens.

Disposez donc en eux
mesmes comme vous les
venez de voir, recognoi-
sans leurs imperfections,

Si tost qu'ils voyent le soleil de la Vertu ietter ses
rayons en quelqu'vn, qui
parauenture aura quelque
don de grace de la Nature,
lors touchez de haine &
d'enuie ils taschent autant
qu'ils peuuent de couurir
de tenebres ceste belle plã-
te, pour empescher qu'el-
le ne donne du fruict. Mais
quoy? c'est vne palme qui
se plaist au trauail, & qui
en deuient plus verte &
plus florissante si elle peut
trouuer l'appuy de la Constance. Si quelqu'vn aime

la saincteté, ils diront qu
est bigot ou superstiti
S'il a de la science, qu'il
superbe & presumptueu
S'il a l'esprit subtil , q
c'est vn remuant. S'il a
termes beaux & le lang
ge coulant, qu'il est ple
d'affeterie. S'il est d'vn
gaye humeur, qu'il est i
solent ou effronté Et s'il e
modeste que ceste simpl
cité couue quelque trom
perie , que ces eaux do
mantes sont plus suject
au naufrage. S'il se taist
sera vn espie. S'il parle, c

vn causeur. S'il reprend les
vices, c'est vn censeur. S'il
a l'entretien asseuré, il sera
grand. S'il est sans arti-
fice, il sera sot & grossier.
Bref en quelque façó qu'ils
les trouuét, il y a tousiours
à redire, & que ceste terre
rapporte le meilleur grain
du monde, pour eux ce se-
ra tousiours de l'iuroye.
Mais tout cecy seroit fort
peu de cas s'ils ne don-
noyent iusques au cabinet
de la renommee, & l'at-
teinte de ce venin seroit
fort legere si elle ne per-

B iiij

çoit iusques au cœur. Car
d'accuser de trahison vn
homme fidele, de concuſ-
sion vn incorruptible, vn
courageux de laſcheté, vn
homme chaſte d'auoir vio-
lé, de desbordement vn té-
peré : ce ſont des tonnerres
dont la vapeur ſulphurée
offuſque tellement la raiſon qu'elle perd la cognoiſſance de ſoy-meſme, & qui
permet bien ſouuent à la
vengeance de faire des
coups du tout contraires
à la Nature de celuy contre
qu'ils s'addreſſent, & neāt-

moins c'est en cecy où ils
se delectent : car leur plus
grand plaisir ne procede
que du plus grand mal.
I'ay parlé des discours qu'-
ils tiennent contre les hômes : Mais qu'est-ce qu'ils
ne disent point contre les
femmes ? Ce siecle desbor-
dé d'óne beaucoup à souf-
frir à ce sexe, & l'impudique gouuernement de
quelques vnes apportent
sans mentir vn grand scan-
dale aux plus reformees :
car ces changeurs cy qui
n'ont qu'vn poix pour

toutes sortes de monnoy-
ces mestifs à qui toute
sortes de lieures sont d
bon accours, ne croyen
pas que la chasteté puiss
regner auec la beauté,
prudence auec la gayeté,
la sagesse auec la gentilles
se, & eux qui n'ont qu'v
ne intention, ne peuuen
auoir de discretion. C'es
icy où ils se plaignent d
la Nature, qu'elle ne leur a
donné qu'vne langue, veu
qu'elle leur a donné deu
oreilles, ils ont seulemen
regret qu'ils ne peuuen

pas assez dire: car ceste langue qui leur sert de ven-
ouse, tire de leur cœur ce
qu'il y a de pire en si grande abondance, qu'vn seul
instrument n'est pas ba-
stant pour le faire reson-
ner dans l'oreille des es-
coutans. La belle sera far-
dee: La propre sera curieu-
se: Celle qui a bonne grace se contrefaict : La modeste est desdaigneuse: La
maladiue est delicate, si elle vse de quelques regimes
cela n'est pas sans soupçon.
La gaye est esueillee, si el-

le hante les compagnies,
c'est vne coureuse : si elle
se tient serree chez elle, elle
fait son faict secretement:
si elle est graue, elle est superbe. La familiere est ef-
frontee : si elle aime les discours elle veut estre recerchee : si elle se taist, elle est
sotte : si on la va voir, elle
est impudique. Bref ce ba-
silic ne iette point sa veue
sur pas vne action, qu'il
n'en tue autant qu'il peut
la reputation. Mais sur tout
il s'attaque à ce qu'on appelle proprement hóneur

en la femme, & tiennent
pour vne maxime genera-
le qu'vne femme ou vne
fille tant soit peu recerchee,
est aussi tost abandonnee,
que les fruicts de ces chãps
Elisees ne sont conseruez
qu'entant qu'on ne heur-
te point à la porte, & tout
ce que l'on conte de l'hõneur leur est vn vent, qui
a moins de pouuoir en
leur endroict, que celuy
qui souffle en plain midy
aux contrees de l'Equa-
teur. Et la confusion qui se
retrouue dans les esprits

de la plus part de leur trou
pe , leur apporte vn te
trouble en leur opinion
qu'ils ne croyent pas qu'
y ait au monde vne fem
me de bien. Ie vous a
maintenant monstré asse
particulierement le sujec
de leurs discours , & i'a
penetré autát que i'ay pe
dans le plus caché de leur
conceptions, afin d'y reco
gnoistre quelque image
de volupté : mais c'est vn
cas estrange, que vous n'y
pouuez trouuer d'autre o
rigine que l'enuie qu'ils

portent à quelque chose
le parfaict & accomply,
tant leur imperfection a
de regret de voir son contraire s'esleuer quelques
degrez au dessus d'elle: que
si par hasard ils mesdisent
auec verité, ils sont bien
aises de trouuer plusieurs
de leurs semblables, afin
que ceste multitude cou-
ure d'auantage leur cor-
ruption. Miserables! qui
vendent à si vil prix vne
chose si rare & si pretieu-
se, qui s'acquiert si chere-
ment, & se conserue auec

tant de peines , & neant
moins encores ne paruie
nent-ils pas bien souuen
à la fin où ils pretenden
Car encores que le but d
la parole c'est de faire fo
aux escoutás , & qu'ils lai
sent quelque mauuai
impression en leurs pen
sees , nostre nature appor
tant plustost de la certitu
de au mal que de la croyá
ce au bien : si est-ce que
outre ce que le temps
(grand Soleil de la verité)
descouure tousiours les
choses selon leur essences,

s'ils sont tant soit peu re-
cogneus on commence à
se gausser de tout ce qu'ils
ont dict, & leur parole qui
a pris accroissemét & mul-
tiplication par vne suitte
enfilee d'incontinence de
langue, ne faict non plus
à l'ouye qu'vn grand ca-
quet de Pies sans ramage
& sans discours : mais seulemét vn bruict ennuyeux
& importun, & ce vent de
vanité qui les pousse, a des-
ja amorty leur lumiere.
Car eux à qui le cœur ne
sert que d'intestins non

plus qu'au reste des beſt
brutes ſouffrent vne inſi
nité d'affrons à quoy il
n'ont point de repartie
Car rien ne pouuant biẽ
venir en lumiere qui n'a
faict ſon temps à la cou
che du ſilence, & ceux-c
diſans toutes choſes ſan
meditation, ils ſont em
portez par le torrent d
leur indiſcretion dedan
vn abiſme de honte & d'in
famie, ne pouuans appor
ter d'autre raiſon que la ne
gatiue de ce qu'ils ont dict
Quand i'ay parlé des hom

mesdisans, i'y ay aussi
ompris les femmes , car
ils suyuent tous vne mes-
me piste. Il est vray que
es dernieres sont plus des-
nglees ayãt en elles moins
de solidité & plus de haine. Et voila la fin de leurs
inuentions & la recompé-
se qu'ils tirent de leur malicieuse imprudence. Re-
ste maintenant à vous mõ-
strer comme ces Sycophã-
tes ou mesdisans peuuent
estre ruinez: où ie m'esten-
drois au long & au large,
si l'experience , maistresse

de toutes les raisons,
vous en auoit donné d'as-
sez fortes pour me faire
serrer dedans les bornes
la mediocrité. Ie vous di
donc, que tout ainsi q
pour ouyr clabauder for
mastins, la Lune n'en arre
ste pas le cours de sa car
riere: Aussi l'ame vertueus
n'est point interrompu
en la course de ses dessein
par la mesdisance, & sa vi
goureuse constance qui
s'affine à la trempe, peu
bien ployer en l'aduersité
mais elle ne rompt point

C'est pourquoy l'honneur
demeure fixe & certain,
quand il est hors des pri-
ses de toutes sortes de disgrace, & vous luy pouuez
donner ce degré toutes &
quantes fois qu'il vous
plaira, mesprisant seulemét
le murmure de ces vagues:
Pourquoy ne le feriez-
vous ? les recognoissans si
pleins de deffauts comme
ie vous les ay despeincts?
Ayez ceste asseurance: les
rayons de vostre soleil ne
se peuuent souiller dans
ceste fange, rentrez dans

vous mesme : s'il y a
paix en vostre consci…
il n'y a point de gu…
pour vous au dehors.
a Dieu pour tesmoin…
vie, ne craint point les…
pos des hommes : suyu…
vertu , & sans vous e…
en vous mesme d'yne…
nion de preud'hom…
croyez que le renom…
tousiours celuy qui le f…
Pourquoy vous afflige…
vous partrop en vostr…
nocence ? que feriez-v…
si vous estiez coulpab…
Et si vous auez bataillé.

les tentations, si vous ſurmonté le vice, ourquoy ne triomphe-z-vous pas de la calom-nie? apres auoir domté de puiſſans ennemis, ferez-ous ioug à vn eſclaue? raignez-vous les hômes? ils ne vous iugeront point. Celuy qui doit eſtre vo-ſtre iuge, voit voſtre inte-rieur: ces mouches ne tou-chent que voſtre exterieur, pourquoy vous plaignez-vous? vous faictes ce que deſire voſtre ennemy, car l'Enuie eſt touſiours bien

aiſe d'auoir pitié: tenez fe[r]
me. Depuis que l'Enui[e]
accouſtumé la gloire d['vn]
homme, & qu'elle a e[ſté]
nourrie auec elle, elle [la]
laiſſe en paix ſans la tou[r]
menter. C'eſt veritablem[ent]
la marque d'vne bonne [a]
me de deſirer la conſeru[a]
tion de ſa renommee, m[ais]
d'y apporter trop de c[u]
rioſité, il y a de l'erre[ur]
Ceux qui ſont les mie[ux]
renommez ne ſont pas b[ien]
ſouuent les plus gens [de]
bien: car noſtre œil imp[ar]
faict ne void pas que ſo[us]

vn lambris doré il y a bié
souuent de la vermoulu-
re, & l'estain qui sonne
mieux que l'or, & est enté-
du de plus loing, n'est pas
toutesfois de si grand prix.
Le costé de la balance qui
est le plus vuide, c'est celuy qui s'esleue le plus
haut. Que vos intentions
soyent droictes, ces lan-
gues ne vous peuuent
boucher le passage du ciel.
On dict que pour faire du-
rer long temps vn amour,
il ne le faut point laisser en
paix: mais la vertu a la ca-

ſonie pour premier mou-
uant, ſans ceſte action
elle ſe meurt : voulez-vous
arriuer au port ? prenez li
rame en la main , quoy
qu'il s'y faſſe des ampou-
les, c'eſt peu de mal ſi vou
eſchappez de la tourmen-
te. Mais qui pourroit, di
rez-vous, ſouffrir vn men-
ſonge ? Mais que voulez-
vous donc ſouffrir ? car
pour ouyr la verité il n'y
a point de paſſion, le merite ne s'acquiert point les
bras croiſez, voulez-vous
auoir de la gloire, ſouffrez

de la peine : qui ne peut
s'accómoder au secód n'est
pas digne du premier.
N'est-il pas vray que ces
gens impurs, desbordez &
corrompus, sont indignes
de vostre colere ? La mer
mediteranee imite l'air, de
maniere qu'elle est calme
quand l'air est tranquille,
& orageuse quand il est
trouble. Si vostre raison
est bien disposee, vostre
ame suyura rousiours ses
mouuemens : sous la ligne
equinoxiale le vent ne dó-
ne que rarement : soyez v-

C ij

nie à la vertu, la tourmente de l'affliction ne vous
peut nuire, & bien que ces
soufflements esbranlent
fort rudement vostre bar-
que, vous ne verrez iamais
toutesfois le fonds du desespoir, ils seront aussi tost
lassez d'assaillir que vous
de resister. Si vostre vie e-
stoit coulpable, il faudroit
se corriger, mais puis qu'elle est innocente ? mespri-
sez toutes ces chimeres,
cheminez sans rougir la
teste leuee, la veuë de ceste vertu fera pallir vos en-

nemis, & l'admiration leur
fera confesser ce que la malice leur auoit faict nier.
Et puis ce Dieu iuste Iuge,
qui prend tousiours en
main la querelle de l'In-
nocent, & punit rigou-
reusement le calomnia-
teur, vous seruira de pro-
tecteur & de defenseur, si
vous vous remétrez à sa
prouidence. C'est vn des
plus grands traicts de sa
puissance, & qu'il a plus
faict paroistre (en la personne de son fils) en sup-
portant l'affliction qu'il

n'auoit mesme faict en la
creation. Cela est ordinaire d'augmenter sa gloire,
de faire paroistre son pouuoir: mais de diminuer son
auctorité, de souuerain se
rendre esclaue: de souffrir
la mocquerie, le mespris,
les iniures & les calomnies
luy qui estoit tout bon,
tout puissant, tout sage &
tout iuste ? Cest exemple
n'auoit point encores esté
veu iusques à luy, & n'a
point esté imité que de
bien loing. Ce sont les cô-
solations, Synesie, que ie

donne à moy mesme, &
que ie m'efforce de mettre
en practique tous les iours
au milieu de ces orages,
que si l'vsage m'en apporte de plus viues & plus
pregnantes, vous y auez
toufiours autant de part,
que vous auez de puissan-
ce sur les vœux tres-affe-
ctionnez de voftre tres-
humble seruiteur.

FIN

SI L'ON
PEVT DIRE
QVE LA VERTV

EST PLVS RIGOV-
reusement pu-
nie que
le vice

DIALOGVE.

A PARIS.

Chez LVCAS BREYEL, tenant
sa boutique au Palais en la gallerie des prisonniers.

1600.

Auec priuilege du Roy.

A
MADAMOISELLE
ELIZABETH
DE LIGNY.

Adamoiselle La Vertu qui vous a tousiours te-nu fort fide-le compagnie en toutes voz actions, ne demande mainte-nant autre recompense de tant de faueur que vostre assistan-

ce en la defence de ſon No[m]
La bonté de voſtre nature, &
la iuſtice de ſa querelle m'o[ſ]
ſtent tout le doute que ie pourrois auoir d'vn refus : car ie
m'aſſeure que vous ne vou-
driez pas laiſſer au beſoin v-
ne choſe que vous auez ſi che-
rement aimee toute voſtre vi[e,]
& ce d'autant plus que l'o[r]-
gane de ce diſcours, n'eſt encore qu'vn ieune nouice [en]
ſon eſcole, qui profere les mo[ts]
ſacrez auec crainte : c'eſt v[n]
apprenty qui pare les coup[s]
par haſard & ſans aſſeuran-
ce. Voſtre prudence le g[arde]

vostre constance l'af-
rera de comparoistre deuant
plus grands ennemis, si vous
faictes tant d'honneur que
espouser son entreprise, &
le tenir pour

MADAMOISELLE,

Vostre tres-humble
obeissant seruiteur
A. T.

A
LA VERTV
STANCES.

Dmirable beauté qui toute au-
tre surpasse,
Lumiere de mes iours, le de[sir]
de mon cœur,
L'essence de l'honneur, source de tou[te]
grace,
Porte du Paradis, l'orient du bõ he[ur]

Tes sentiers sont fascheux, mais ta retrai-
te est belle,
Et i'aime le trauail pour vn si be[au]
seiour:
Car tu fais conuertir d'vne seule estin-
celle
Vne pierre insensible en vn cœur plei[n]
d'amour.

oisage sans fard, ta facile accoin-
tance
S'engendre du mespris parmy les effrontez,
Mais comme la Topaze a bien peu
d'apparance,
Comme elle tu nous rends mille proprietez.

Tu porte plusieurs noms, on t'appelle
Constance,
Prudence, Teperance, Equité, Charité:
Mais ie te veux nommer par le nom
d'Innocence,
Car ce nom comprend mieux quelque
diuinité.

C'est par luy que tu faicts la guerre à ton
contraire,
Et par luy que nostre ame est un iar-
din d'Eden:
Par luy seul nous entrons dans le saint
Sanctuaire,
Pour receuoir vos noms par le second
Adam.

C'est vn champ plein de fleurs, vne [terre]
fertile,
Où l'on trouue la gloire & la [...]-
té,
La conscience pure & l'esprit
tranquille,
La grace, le merite, & l'immorta[lité.]

Que puissé-tu par luy reformer nos pensees,
Guider nos actions, regler nos volon-
teZ,
Afin qu'en oubliant nos desba[ts]
passees,
Luy seul ait cest honneur de nous
noir domptez.

SI L'ON
PEVT DIRE

QVE LA VERTV
est plus rigoureusement
punie que le
vice.

DIALOGVE

BRENE.

E fust vne que-
stion que ie feis
vne fois à cel-
le qui a toute
puissance sur mes affectiõs
& pour laquelle la voyant

A

toute penſiue, ie com
ſay ainſi. L'oyſiueté
gendre ordinairemét
curioſité (Syneſie) & ce
ey faict naiſtre les dou
que nous faiſons ſur
tes choſes. c'eſt pourq
en l'eſtabliſſement de
publiques mieux poli
toutes les deux y ſont
rigoureuſemét defend
l'vne pour eſtre la ra
de tout mal, l'autre
re de diuiſion. Or
doute point que la
poſition que ie vous
a ſçauoir, Si l'on peut

la vertu est plus rigou-
reusement punie, que le
chant, vous semble de
mon abbord partir de
deux sources, & quel le
temps meriteroit bien d'e-
stre employé à choses plus
ffaites, mais voyez mó
intétion & vous la iuge-
fort vtile. Afin donc
que vous en puissiez recó-
nistre plus clairement
cótéz, ie desirois que
imprinssiez en maistr la
tence de l'vne ou de l'autre, que ce dis-
plaisir seru moins ennuy-

eux, & qu'il nous fera cou-
ler le temps plus douce-
ment, ceste methode y
apportera plus d'esclair-
cissement.

SINESIE. La souuenan-
ce du passé que vous m'a-
uiez remise deuãt les yeux
par la nouueauté de vo-
stre doute, m'auoit tiré si
loing que i'en auois ou-
blié la repartie: mais maintenant que vous m'auez
rendue à moy mesme par
vostre inuention, ie suis
contente de suyure vostre
aduis & de soustenir que

la vertu n'est iamais pu-
nie.

EREN. C'est voftre ordi-
naire, Sinefie, qu'ayãt toute aduãtage fur moy vous
preniez toufiours les par-
tiz plus aduantageux, mais
la naiffance de mon affe-
ction ayant pris fon afcen-
dant fous l'obeiffance , ie
flechiray fort facilement
puis que ie n'ay point de
volonté que pour vous
complaire. Ie diray donc
que ie trouue quatre for-
tes de punitions, la Ca-
lomnie, la Mocquerie, la

B iij

Neceſſité, & les Chaſt-
ments publics, & qu'au-
toſt qu'vn homme a fait
profeſſion de la vertu il
trouue aſſailly par tous
quatre: de ſorte que la plus
part ſont contraincts de
luy faire báqueroute, pour
eſpouſer le party de ſon
contraire: voila comme
vous pouuez au pire en
peu de mots, l'eſclairciſſe-
ment de noſtre doute.

Sin. Ceſte reſoluti-
me ſemble dés le com-
mendement trop iable
pour en tirer vn article

foy, mais auant que d'en-
ter plus auant en discours,
desire que vous me fai-
siez voir quel doit estre
celuy que vous nommez
vertueux, & quelle est ceste vertu.

ÆR. Le vertueux est
proprement celuy qui ne
faict tort à personne, &
qui s'efforce de faire du
bien à vn chacun, qui ai-
me mieux que sa conscié-
ce le iuge tel que la renom-
mée d'autruy, qui prefere
les choses honnestes au
plaisir & au proffit, qui

reigle toutes ses actions
sur le sacré triangle de la
diuinité, & qui luy sacrifie
continuellement sa volóté. La vertu c'est vne saincte pureté de vie, qui par
iustice & temperance có-
duit au souuerain bien,
mais d'autát que plusieurs
choses peuuent conduire
à ceste vertu, les sciences
sont appellees vertus, la
Prudéce & la Charité sont
des vertus, & enfin tout ce
qui s'eslongne du vice &
qui a quelque lumiere de
ce beau iour, est appellée

vertu!

SIN. Il est ainsi, mais
monstrez moy mainte-
nant comme le vertueux
est tel que vous me l'a-
uez despeinct, souffre les
choses que vous auez di-
ctes.

ERE. La preuue n'en est
que trop facile voyons par
la Calomnie combien ils
reçoiuent d'afflictiōs, n'est
ce pas à eux qu'elle s'ad-
dresse directement? & que
des cheuaux trop fendus
de bouche par la corru-
ption du monde, tirent le

mords en haut auec la langue, & prennent le frein
aux dents pour dire tou-
ce que bon leur semble
contre l'innocence, auec
applaudissement de ceux
de leur troupe.

SIN. Ie ne le trouue pas
estrange, car vn cheual a la
langue delice est fort aisé
à emboucher: mais passe
outre.

ER. Quant à eux ils ne
souffrent point de passion
de ce costé là: car l'on dit
qu'ils ont leur langue c'est
tousiours auec verité.

on sçait assez, qu'elle ne
...che point côme fait le
...asonge point qu'ils peu-
...ent dire auoir eu autant
de plaisir à l'action, côme
ils peuuent auoir de regret
en la reprimende, encore
qu'ils ne se soucient gueres
de toutes ces choses ayant
bandé les yeux à l'honeur
Pour la Mocquerie: c'est
...ces gaignages, bu ces
veneurs prenât grand cer-
...neau défaut, & battant en
route le genimbuschet iusques à son giste, l'i'entends
qu'ils espluchent ses plus

secrettes actions : Et tout
ce qui vient de ces gens
là leur est à contre cœur,
ces Aristides leur desplai-
sent, celuy qui ne desrobe
point n'a point d'esprit,
le chaste est impuissant,
le sobre est delicat, celuy
qui aime les liures ne cer-
che que les morts, il sera
pedant ou philosophe, la
modestie est lascheté, la
constance opiniastreté, la
pieté vne folie : bref ne pre-
nant point d'allignement
que sur la ligne torse de
leur opinion, la vertu leur

eſt de paſſetemps, de ma-
lotte & de bouffonnerie.
Quant à la neceſſité? tous
en general y participent,
bien peu l'ont eſchappee,
que ſi ce n'a eſté au commencement de leur vie,
au moins en ont ils reſ-
ſenty quelques touches à
leur fin: de là vient le grãd
meſpris que l'on a d'eux,
car le monde ne iettant les
yeux que ſur l'exterieur, &
voyant ceux-cy ſans eſ-
clat, & ſans apparẽce, ſans
richeſſes & ſans ſupport,
les delaiſſe & les dedaigne

comme perſones de néã
qui ne peuuẽt ce leur ſem
ble faire ny bien ny mãl
car eux qui croyent que
ceſte machine d'argẽt
peut ietter les chaſteaux &
citadelles par terre · qu̕
l'on peut vaincre ſãs
doute auec des armes d'ar
gent : que les choſes diui
nes & humaines ſontſoũ
miſes aux richeſſes : croyẽt
auſſi que la principale ver
tu de l'homme c'eſt d'en
auoir. Ie viens maintenãt
aux ſupplices , combiẽ
ont ils eſté inhumaine

ment exercez contre les
plus gens de bien, par a-
mendes, puis par bannis-
sements, & en fin par vne
mort ignominieuse & cru-
elle, sur des pretextes in-
uentez par la tyrannie des
grands, qui redoutét touf-
jours [vne] grande vertu?
Voyez toutes ces quatre
choses pratiquées en cest
admirable Socrates, en
tous les Apostres & tous
les martyrs, sans que ie
parle du Maistre mesme.
Mais que n'ont point souf-
fertces deux lumieres de

leur téps Seneque & Tra-
sea ? & tous les homm[es]
illustres qui ont esté depuis le commencemen[t]
iusques à auiourdhuy ? o[u]
combien de trauerses &
d'ennuis ont ils passé [au]
cours de leur âge ? [mais]
sans aller recercher l'ant[i]-
quité, voyez en cest ac-
crement de tous les siecle[s]
auec qu'elle derision [les]
vertueux sont traictez [?]
voulez vous courir tout[es]
sortes de fortunes ? soye[z]
homme de bien : faut[il]
faire quelque bon com-

le sage sera mis sur les
rangs: A on faict quelque
chenee, ce sera vn homme
docte qui l'aura proposee.
Le charitable fait des pra-
tiques: Bref il n'y a que le
meschant qui soit en seu-
reté: desrobez, pourueu
que vous ayez l'asseuran-
ce de le faire paroistre
vous aurez vn bel esprit:
blasphemez & reniez à
tout propos, vous aurez
du courage & serez redou-
té: soyez tout effeminé &
tout enerué de delices,
vous serez des plus galans:

voulez-vous estre bien venu aux compagnies, faire
le bouffon, ſcádaliſez l'hõneur des plus gens de bi
ce ne ſera qu'vne belle in
uention. Mais afin que
ne parle point ſeulemẽ
des hommes, & que vo
voyez que les femmes ſ
ges y ont leur part: Ditt
moy, n'eſt-il pas vray qu'
vne femme impudiqu
eſt plus recerchee, plu
courtiſee & plus honor
qu'vne qui aimera ſon hõ
neur: qu'elle ait tãt de pe
fections qu'il luy plaira ſi

ne se laisse aller en quelque chose, au moins en apparence, on sera tout aussi
rebuté de ceste chas-
si vous ne sautez par
dessus les enceintes de l'hô-
neur, vous aurez la teste
marquée, ne serez-
vous pas tenue pour vne
sotte si vous n'auez vn ga-
land? Celle qui voudra a-
uoir l'entregent beau, doit
ouyr & dire beaucoup de
choses contre sa volonté.
Les discours de la vertu
sont propres pour les niai-
ses, cela ne fait qu'attrister,

& puis le nombre est
petit de ceux à qui vous
les pouuez cõmuniquer
qu'ils vous font comme
inutiles. Pourquoy, vous
dira-on, voulez-vous fair
bande à part? penfez-vous
eftre plus aduifees qu'vn
plus grand nombre d'au-
tres qui font bien venuës
d'vn chacun? Pourquoy
refuferez-vous la volupté
qui fe prefente? elle ap-
porte l'hõneur & la com-
modité quant & elle. Ce
font les difcours que l'on
vous tiendra, que fi vous

ensez repartir sagement,
n vous donne inconti-
ent le change : de sorte
ue vous trouuerez plu-
ost des lagues pour vous
rsuader le vice, que des
reilles pour escouter les
isons de la vertu. Ainsi
vous pouuez voir qu'il n'y
a de toutes parts que de
l'ennuy, de l'ignominie &
de la poine pour ceux qui
suyuent ses sentiers: au cō-
aire du repos & de la
gloire pour ceux là qui la
fuyent.

Sin. Hé, quoy ? Erene,

pour vous auoir vn p
donné le mords trop
de faut-il auoir ainſi
bouche eſgaree? eſtes
encore ſi peu pratique
ruſes du monde que
vous laiſſer embattre
vous enuoler à ce faux
re? Or ie vous veux do
ner vn campanel duq
le faux montant ſoit
peu replié en ſus, afin
l'œil de voſtre brid
ſoit point plus bas que
deuoir.

ER E. C'eſt le fruict q
i'attends de ce diſcou

nesie, redressez donc bié
voyes, afin que nous
perdions point nostre
oste & que la curee de
stre chasse soit vne ve-
able consolation.
SIN. Vous en verrez les
fects, & suyuant l'ordre
que vous auez retenu, ie
ux commencer par la
lomnie.
Il y a vne herbe en l'isle
spagnolle nommee A-
... de laquelle les In-
diens font du pain qui est
s bon & ne fait point de
mal, mais si on boit de son

suc on en meurt: il en
ainsi de la calomnie, di
rez là vous trouuerez q
c'est le subiect de vos
gloire, mais si vous en
ualez la liqueur com
elle vous est presentee
vous suffoque. Souue
vous que desplaire a
meschans c'est louan
Quant celuy qui doit es
condamné condamne, te
sentence ne peut auoir
cun poix : ils mesdise
d'eux mesmes, ce n'est p
de vous : contre tous
ennuis qu'ils vous peuu

ap.

pporter vn seul remede
ous suffit, à sçauoir la co-
noissance de soymesme,
ar c'est vrayement cest
rbre Sassafras qui croist
n la Floride, que l'on dict
uerir de tous maux : si
ous n'auez du contente-
ment en vous mesme, vous
e le trouuerez iamais en
atruy. Non plus que le
meschant pour estre loué
en a pas plus de repos
n son ame, aussi l'hom-
me de bien pour estre
blasmé n'en est pas plus
tourmenté : cela peut bien

offenser quelque pe[u]
constance, mais il ne p[eut]
ce point ceux qui se [pre]
presentent qu'il ne se fa[ffe]
point fier en son enne[my]
quelque reconciliatió [que]
l'on ait auec luy. Ils ne [se]
font que rire de tous [ces]
discours, ils font affeu[rez]
qu'ils tirent leur orig[ine]
de l'enuie que les vic[ieux]
portent de tout temps [aux]
gens de bien: ils ont b[eau]
se desguiser, ils s'enfil[ent]
en fin dedans leurs to[iles]
& se font cognoistre p[our]
les bestes qu'ils sont [&]

ommes vous donnoyent
beatitude ou l'immor-
talité, il faudroit rascher
leur complaire : mais
puis qu'ils n'ont ny l'vn
ny l'autre pour vous en
faire part, & que vostre
part est au Ciel, pourquoy
voulez vous forhuer? Suy-
uez vos brisees sans prendre le change, le vertueux
en faict ainsi, il sçait bien
que ceste voye est diffici-
le, mais qu'il y a vne cou-
ronne eternelle qui l'at-
tend: c'est pourquoy tou-
tes ces artilleries, ces har-

quebusades & ces retren-
chements ne sçauroyent
l'empescher qu'il ne mo-
te hardimét sur ceste fa-
cte muraille, que les po-
trons tiennent leur abbe
en terre, le ciel veut de
vaillance & du courage,
la diuinité mesme prend
plaisir à ce combat, bien
aise si quelque vaillant
champion ayant rompu
son espee à la bataille
remporte encore son bou-
clier. Quant à la Moc-
querie qui est vne suitte
de la Calomnie, & com-

e des beſſons venus d'v-
meſme ventree, en
oy eſt-ce qu'elle peut
ucher l'homme de bien?
r elle ne regarde pro-
rement que le vice &
mperfection. Or ceſtuy
s en eſloignant autant
il luy eſt poſſible, cela
e peut approcher aucu-
ment de ſa reputation,
uez-vous qu'elle reſpő-
lleur faict? celle que
t Phocion au peuple
Athenes qui luy diſoit
quelques iniures, il vous
rend bien ſeigneurs A-

theniés (diſoit-il) que v[e]
auez vn gouuerneur [...]
vous cognoiſt, auſſi [...]
fait il pas grand cas [...]
les meſpriſe. C'eſt le [...]
pent d'Eſope qui voul[...]
ronger vne lime, ma[...]
ne faiſoit que ſi vſer[...]
dents. Il n'y a poin[...]
priſe ſur la vertu, elle [...]
prudence de ſe por[...]
Chimus, lequel cog[...]
ſant l'orage qui doit [...]
nir ſur la mer, prend [...]
caillou qu'il porte au [...]
& de peur d'eſtre tr[...]
lé il ſe met deſſus & [...]

heure attaché tant que
dure la borasque : Aussi
l'homme constant parmy
les tempestes de ceste vie,
prend la loy de Dieu pour
appuy, & s'arrestant du
tout à elle laisse passer par-
dessus luy tous ces vents
& ces orages. Voyez vous
ces grands flots de mer
qui semblent de leur hau-
teur toucher les nues, se
venir heurter contre quelque escueil, & tout aussi
tost ne seruir que de la-
uement au riuage, ils en
sont tout de mesme, leurs

C iiij

rodemontades deuienne
des obeiſſances, & ces inõ
dations de paroles ſerue
de bains pour la vertu. Il
ſe mocquent, dittes vous
du iuſte, du chaſte, du ſçã
uant, & du modeſte: mais
y a il rien plus ridicule que
la mocquerie de toute
ces choſes commandee
en toutes loix, obſeruee
de tout temps, & confir
mees par l'ordonnance di
uine ? Voudroyent-ils vn
larron en leur maiſon?
trouueroyent-ils bon que
leurs femmes frequentaſ

ent auec les adulteres? &
le plus effronté du mon-
de ne hait il pas l'effron-
terie? Quant aux sçauans,
qu'elle folie d'attaquer vn
homme qui les peut rui-
ner d'honneur toutes &
quantes fois qu'il voudra?
de sorte que vous voyez
par tout cecy que ce n'est
qu'vne malicieuse manie
pleine de haine, d'enuie,
d'ignorance & d'impru-
dence, qui les pousse à tous
ces discours, qui toutesfois
ne sont qu'vn grand vent
qui passe, lequel ne sçau-

C v

roit esbranler vn nourri-
çon de la Prudence. Mais
voicy voſtre grief que les
biens de la fortune qui d'-
uroyent (ce vous semble)
eſtre departis aux gens d'
bien, ne ſont ordinaire-
ment poſſedez que par les
meſchans : ce faux iour des
richeſſes a eſté cauſe que
vous auez mal pris l'air d'
ce pourtraict, ie veux ou-
urir toute la croiſee afin
de vous faire voir plaine-
ment la verité. Celuy eſt
pauure qui deſire beau-
coup, non pas celuy qui

a peu. La mesure des ri-
chesses c'est d'auoir ce qui
est necessaire & apres ce
qui suffit. Et certes tu ne
seras iamais pauure si tu
vis selon la Nature, si c'est
selon l'opinion tu ne seras
iamais riche : car les desirs
de la Nature sont limitez,
ceux qui naissent de l'opinion n'ont point de bor-
nes. C'est pourquoy (di-
soit vn ancien) celuy qui
naist au monde a commã-
dement de se contenter de
pain & de laict : de là vient
que nous voyons ordinai-

rement qu'il faut bien peu
pour rassasier la faim, &
qu'il faut beaucoup pour
satisfaire au desgoustemēt:
ostons le desir nous trou-
uerons que la fortune est
vn fantosme. Si tu pouuois
voir dans l'interieur de ses
plus fauorits qui contre-
font les contents & demi-
dieux, tu verrois que mille
forte de fascherie leur ron-
ge le cœur. Escoute ceste
religieuse sentence, Nul
n'est digne de la faueur de
Dieu que celuy qui a mes-
prisé les richesses. On peut

bien eftimer l'homme de
bien miferable, mais il ne
le peut eftre. Auez-vous
peur de mourir de faim?
Le nombre fe pourroit fa-
cilement faire de tous ceux
qui font morts de cefte
maladie, depuis le com-
mencement du monde
iufques à auiourd'huy, encore a ce plus efté par la
mifere de la guerre qu'autrement, laquelle encore
accable pluftoft le riche
que le pauure. L'homme
qui veut trauailler trouue
touſiours à gaigner fon

pain, & bien que la ver[tu]
soit mesprisee elle n'est
mais delaissee: on est forc[é]
d'honorer ce qu'on n[e]
peut imiter. Vous ne sere[z]
iamais heureux si vous n[e]
pensez l'estre. Receuez c[e]
qui vient de dehors com[-]
me choses externes, pour[-]
quoy les meslez-vous de[-]
dans vostre subſtace? c'eſt
à la vertu de donner [la]
teinture à tous euenemé[s]
Si la richesse vous vient, [v]
ſez en auec prudence, ma[is]
ſi elle vous fuit pourquo[y]
la cerchez-vous ? c'eſt v[n]

em que la fortune vous
elle vous descharge &
ous loge plus seurement.
oulez-vous vous attri-
er pour vne chose de
ant? c'est vn cas estran-
de voir tous les iours
uant nos yeux qu'au
rtir de ce mōde person-
e n'emporte ses richesses,
toutesfois nous voyons
ue le riche en mourant
sire encore d'en amasser:
e vaut-il pas bien mieux
orner son desir par le cō-
entement que de desirer
erpetuellement sans re-

pos? C'est pourquoy
dit que les vrais biens font
l'homme resolu & ma
gnanime, les richesses le
rendent audacieux &
ftourdy : les richesses ne
font point changer la ver
tu, c'est le fleuue Titare
sius qui roule au trauers d
Peneus riuiere fort boueu
se sans se gaster : que ser
vn homme mourant d
ftre couché sur vn lit d'or
mais que sert à vn esprit
malade s'il se couche sur
les richesses ou sur la pau
ureté? son mal le suit tous

urs. Ie sçay que la croyã-
que vous auez que les
iens de fortune (que vous
ppellez) appartiennent
roprement aux gens de
ien, vous trouble mer-
eilleusement, mais vous
ous trompez, Dieu ne
s a point embarassez en
hoses si villes & abiectes:
eternité, la felicité, le re-
os de l'esprit, la cognois-
ance de luy mesme & des
hoses inferieures, se font
es biens qu'il leur reserue,
iens immortels, infailli-
bles, & permanens. Ne se-

roit-ce pas estre trop m[...]
& trop lasche, ou plust[...]
sans ceruelle & sans iug[...]
ment, de vouloir aller à l[...]
conqueste d'vn royaun[...]
& faire des baccannal[...]
tout du long du chemin[...]
Si vous aspirez au ciel, fa[...]
ctes des munitions pou[...]
la conqueste, ce grand Die[...]
mesme vous les prepar[...]
il ne mignarde point l'ho[...]
me de bien il l'espreuu[...]
l'endurcit aux affliction[...]
& le polit & façonne po[...]
s'en seruir, il ne regard[...]
pas quel fardeau tu porte[...]

...s de quel courage. Si
...s voyez rire les mes-
...ns c'est vn relasche qui
...rdonne comme à des
...aues, mais vous, viuez
...mme son enfant. L'ad-
...rité ne s'attache aussi
...'à gens de marque, &
...i en valent la peine. Ses
...ctions seroyent obscur-
...es dans ceste lie du mon-
...e. Ceste bonté supreme
...nisçait combien ces eaux
...Arcadie sont pestilen-
...euses, vous en destourne
...chemin. Eust elle peu
...eux descrier aussi ce que

nous souhaittons tant q̃
le donnant aux plus infa
mes du monde, & d'en
priuer les vertueux? pour
quoy ne voulez-vous p̃
suyure Dieu ? luy mefm
qui a créé toutes ces cho
fes ne s'en fert point. La
pauureté vous fera douce
fi vous vous fouuenez que
l'on ne vous a pas mis au
monde pour eftre riche
Cela n'efbrále donc point
le vertueux, duquel la lu
miere eft trop pure pour
ce mefler dans ces nuage
Il n'y a que ces efprits foi

les, endormis ou hebe-
qui pour estre tissus
emens grossiers, se lais-
emporter aux poix de
metaux corruptibles.
ste maintenant à parler-
supplices, où ie ne
rouue point de mal puis
qu'il faut mourir, & que
out le mal de ceste espe-
de mort n'est que l'i-
gnominie. Or est-il que le
vertueux n'a iamais finy
es iours par Iustice, que sa
vie & sa fin n'ayent esté
louez par tous les siecles
fuyuans : ie ne veux pour

exemple que ceux m[...]
mes que vous auez nom[...]
mez. Quel contentem[...]
penfez-vous que receu[...]
grand Socrates de rend[...]
fa vie pour le feruice[...]
celuy qui luy auoit ba[...]
lee? Vn general d'arm[...]
n'enuoye point aux per[...]
vn nouueau venu: la ma[...]
lice du monde eft vn en[...]
nemy fort puiffant, il fau[...]
vne ame roide pour lu[...]
porter la roideur de f[...]
coups, il faut vn vie[...]
routier pour recognoif[...]
fes ftratagemes. C'eft pou[...]

ny Dieu ny enuoye que
sprouuez, mais y a-il
qui esmeuue tant que
xemples? Vn grand
à la necessité mettra
tost la main à l'espee
au bouclier, le moyen
e faire croire c'est d'e-
uter ce qu'on a dict :
llez-vous que ie vous
prenne quels effects ont
tourments?
n l'isle de Zebut on
ouue des oyseaux nom-
ez lagannes, lesquels se
ettent à la bouche de la
leine & se laissent en-

gloutir , mais quand ils
sont entrez , ils luy man-
gent le cœur & la tuent.
Ainsi le meschant pen-
se faire mourir la vertu
par le sang des vertueux,
mais il aduance sa ruine,
c'est vn phenix qui par la
mort repréd vie, puis que
la mort eternise ceux, le
deceds desquels est loué
par gens qui craignent de
mourir en ceste sorte. Les
choses foibles pésent que
l'on les blesse si on les touche, mais vn grand cœur
ne s'estóne de rien : il sçait

que

de l'affliction temporel-
me de la religion, le
duit à la gloire eter-
elle, & que la fleur de sa
nstance sera transferée
ciel, deuant que la ge-
sy le velit fait peu en-
ommager en terre. Pen-
vous que le monde
pour vous seul? pour
moy refuserez-vous de
uir à la gloire de Dieu?
veut (comme plein de
misericorde) retirer les
méchans du mal par vo-
moyen, pensez-vous
elle esclaue à la diuinité,

D

si vous suyuez sa volonté
Socrates n'a tenu conte
sa vie des choses du mon-
de, à sa mort on ne luy
trouué que sa seule vertu
Senecque a mesprisé la
mort par ses discours, a defendu autant qu'il a peu
prouidéce supreme, quãd
on lui fait commandemẽt
de mourir, il reçoit le mes-
sager auec vn visage ioy-
eux & constant, sans se
plaindre, & se confirmã
du tout à l'ordonnance
du tres-haut. Ces exem-
ples auoyent merueilleu-

s puissances en ces siecles
si desbordez qu'il ne s'en
estoit point veu de pareils
auparauant, veu mesmes
que les effects suyuoyent
les paroles. Ie vous veux
faire encore remarquer v-
ne chose digne d'admira-
tion, c'est que l'on n'a iamais donné la mort à l'in-
nocent, qu'il n'ait esté ioy-
eusement au supplice, &
que l'on n'ait remarqué
en son visage plus de con-
tentement que de tristes-
se, tant nostre ame se plaist
d'estre offerte en sacrifice

sur l'autel de la Vertu. Pou-
uez-vous donner le nom
de peine à ce qui se souffre auec volonté, veu mesme que c'est la coulpe qui
cause l'ignominie & non
le supplice. Ie pourrois
vous dire encore beau-
coup de choses pour la
prouidence, la plus admi-
rable perfection des per-
fectiós de la diuinité, mais
cela merite vn discours
tout ētier, que nous pour-
rons mettre quelque autre
fois en auant. Maintenant
ie vous veux respódre en

...lement vn mot sur ce que
vous auez dict des femmes
sages, lesquelles vous desi-
rez estre recerchees : mais
ie trouue que c'eleur est de
l'honeur de ne l'estre point
par des gens si desbordez.
Ie vous ay desia dict que la
Vertu trouuoit assez de cō-
tontement en elle mesme
sans jen mandier ailleurs,
mais ie vous veux dire da-
uātage, c'est que tous ceux
cy ne les vont point abor-
der, ce n'est point par mespris c'est par crainte: l'ombre de ce frosne fait aussi

D iij

toſt mourir ce ſerpent. Ils
ſe ietteroyēt pluſtoſt dans
les flames de la concupiſ-
cence que d'eſcouter vne
ſage prudence. La fleur de
ceſte vigne leur donne incontinent la fuitte, ils ont
vn ramage auec leurs ſem-
blables, mais ſi on les tire
de là ils ſont muets: ſem-
blables à ceſt oiſeau qu'on
appelle Attagene en Aſie,
lequel chante bien en cō-
paghie, mais s'il eſt pris il
ne dit plus mot. Mais ſçau-
uez-vous comme il ſe faut
comporter pour leur meſ-

...stance, comme l'on fait
...ur la morsure des phalã-
...on môstre à celuy qui
...blessé vn autre phalan-
...& aussi tost la douleur
...ppaise, represẽtez-vous
...telque constance qui se
...mocque e de leur dis-
...urs, leur risee ne vous fe-
...point de mal : vous co-
...noistrez que ce ne sont
...ue petits serpenteaux qui
...rrachent au rhet des pes-
...heurs pour y ronger ce
...ui s'y rencontre. La fem-
...me sage ne se cognoist-el-
...pas? mettra-elle sa vertu

D iiij

à prix par la folie? efcachez
le fcorpion contre fa mor
fure c'eft le moyé de vous
garentir. Le Soleil de iufti-
ce n'abandonnera iamais
ce bel aftre, c'eft l'eftoille
du iour qui fe retroue
toufiours à fon leuer &
fon coucher, qu'elle fuiue
fon Zodiacque, la lumiere
ne l'abandonnera iamais,
le vice eft de la nature des
poltrons, môftrez leur vn
vifage auftere ils tremblét,
fi vous leur vfez de dou-
ceur ils vous brauét, qu'elles y coniporte auec me.

elle forcera les plus
effrontez de faire ioug, &
forcera la dissolution de
chanter les louanges de
l'honnesteté : de maniere
qu'en quelque façon que
ce soit, la vertu ne peut receuoir de peine que par
l'opinion. Toutesfois afin
de vous oster tout scrupu-
le, ie vous veux faire voir
que c'est le vice qui patit le
plus, & que si vous appel-
lez supplice qui sert de
merite au vertueux, ie vo⁹
veux faire cognoistre que
son contraire endure bien

d'auátage. Quant à la Meſ-
diſance & Moquerie ie n'y
employeray autre choſe
que ce que vous meſme
m'en auez autrefois dict.
Ie vous diray ſeulemét que
la mort & la vie eſtans en
la puiſſance de la langue,
& ceux-cy n'en pouuans
vſer auec prudence, il ne
faut nullemét douter qu-
elle ne leur cauſe beau-
coup de mal. Mais quand
la neceſſité bien que quelques vns ne l'ayent pas en
apparéce ils l'ont en effect,
que penſez-vous que el-

soit qu'vn homme riche?
c'est vn coffre: en combié
de craintes & d'apprehen-
sions garde il l'argent qu'il
y a amassé? le chagrin du
pauure est cóme vne nuee
qui passe, mais celuy du riche c'est vn feu deuorant;
nous sommes bien plus
marris de perdre vne cho-
se que de ne l'auoir pas, &
tout leur cœur estant dans
leur tresor il ne faut point
douter qu'ils n'entrent en
de merueilleuses defiáces.
En quelque lieu que soit
l'Amour, il cause tousiours

de merueilleuſes plaintes
quant il s'eſlógne de celuy
qui le recerche, & c'eſt ce
qu'ils apprehendent : on
dreſſera des embuſches
aux vns, on attentera à la
vie des autres, il faut donner la meilleure partie
pour conſeruer le tout, il
faut recercher ceux cy, faire des preſés à ceux là, plai-
der contre les vns, com-
poſer auec les autres, ſe
coucher tard, ſe leuer ma-
tin, n'oſer manger qu'à de-
my, eſtre interrompu en
toutes ſes actions de mille

ffaires, craindre le chaud,
raindre le froid, deſirer la
mine & la cherté au pu-
lic, & l'abondance pour
oy meſme, en fin c'eſt vn
mouuement perpetuel,
oint de repos au corps,
oint de tranquilité en l'a-
me, ils viuent d'vne vie beaucoup plus faſcheuſe que
la mort. Oyez ce grand
ambitieux entre les ambi-
tieux qui diſoit que s'il
n'euſt eſté Alexádre il euſt
ſouhaitté d'eſtre Diogenes
qui n'auoit pour hoſte que
vn tonneau: penſez-vous

pas qu'il ne ressentit les tra[...]
uerses que souffrent l[...]
grands, encore qu'il fu[...]
lors ce sembloit au com[...]
ble de ses felicitez? ma[...]
luy qui prenoit les arm[...]
contre tout le monde, n[...]
les osant prendre contre [...]
passion, confessoit en au[...]
truy le bon heur qu'il eu[...]
desiré pour soy mesme[...]
C'est pourquoy l'vn de[...]
successeurs disoit, que s[...]
sçauoit combien pesoi[...]
bandeau Royal, on [...]
l'eust pas voulu ramas[...]
de terre. Pour les supplic[...]

oyez -le par la fin mesme
de ceux qui ont faict souffrir les gens de bien, escou-
le serment du plus dis-
mulé de tous les tyrans,
Il n'est ainsi puissé-ie perir (dit-il) plus miserable-
ment que ie ne me sens
perir tous les iours : voyez
vn autre qui faisoit de sa
chambre vne prison, s'en-
fermant dedans auec vne
trape. Mais afin que ie sui-
ue les exemples desia al-
leguez, voyez les accusa-
teurs de Socrates delaissez
de tout le monde comme

gens excommuniez, iniu
riez & mocquez d'vn cha
cun, & en fin contrain
dé se donner eux mesme
la mort pour la grand hai
ne qu'on leur portoit. E
ce grád bourreau des Ro
mains, ce monstre de la
nature Neron, feit verita
blement mourir Seneque
& Trasea. Mais quant vou
le voyez en des frayeur
continuelles pour les con
iurations que l'on faisoi
contre luy, quant vous
trouuez quelque temps a
pres chassé de son empire

ondamné comme crimi-
el, & ne trouuant aucune
traicte, estre contrainct
se donner la mort, en-
re auec l'aide d'vn au-
tant il eust le courage
sche, que luy qui auoit
t respandu de sang, de-
eura au milieu du passa-
quãd il fallut tirer le sié:
rez-vous pas que la pei-
de ses deux personna-
s fut douce au regard de
t de supplices? à l'vn l'on
euera les yeux comme
t de nostre temps le fils
u Roy de Thunes à son

pere, à l'autre l'on coup
ra le nez comme à l'Empe
reur Iustinian. Cestuy
sera mené en triomph
monté sur vn asne ayant
queuë en sa main, comm
l'Empereur   Adroniq
Comene : L'autre seru
de montouer à son enne
my, comme vn Valeria
& vn Bajazet: L'vn sera m
à mort par son fils, vn au
tre par son pere : bref
ne peut rien s'imaginer
si cruel, que les Prince
les Roys ne se soyent fa
les vns aux autres, & qu

…nt souffert par leurs
…ples. Ie ne vous allegue
…que les grands, mais si
…x qui ont toute puis-
…ne se peuuent garan-
…de la peine, que peuuét
…mediocres & les petits?
…si voyez vous ma pro-
…stion veritable, car tous
…maux leur arriuent in-
…nement, & n'ayant
…nt de courage pour les
…porter, ils sont inconti-
…t abbatus par l'afflictió
…leur est cent mille fois
…s sensible qu'à l'hom-
…de bien; lequel tient

touſiours pour vne meſ-
me veritable, que Dieu n'a
point donné d'armes à la
fortune dont elle puiſſe
bleſſer l'eſprit. Adiouſtez
encore à cecy la continuelle frayeur en laquelle ils viuent par le reſſentiment de
leur conſcience, ſembla-
bles à ces poiſſons nom-
mez Dorades, leſquels s'eſ-
pouuentans au moindre
bruit des fueilles & des ar-
bres, ſe cachent ſous des ra-
cines & ſe laiſſent prendre.
Auſſi la grande crainte du
meſchant eſt cauſe de

tober entre les mains
ce qu'il fuyoit à son
ssible, assauoir la Iustice:
vous cognoistrez qu'il
st rien si miserable qu'-
meschant hóme, n'ayez
nc plus de doute en vo-
proposition, Erene, &
ez pour constant que
vertu ne sçauroit estre

EREN. Ie ne pouuois
esperer autre chose de
s (ma chere Sinesie)
les veritables raisons,
les pouuois-ie aussi re-
cher que dedans l'intel-

ligence? Ie suis seulem[ent]
marry que vous ayez [ne]
tost finy, mais la crain[te]
que i'ay de vous estre im[por]
portun me fera conten[ter]
de ces sainctes instruct[ions]
lesquelles ie feray ce qu[i]
me sera possible po[ur]
mettre en vsage, vous [re]
merciant en toute humi[li]
té de tant de faueur rece[ue]
que ie ne puis recogn[oi]
stre que par ma treshu[m]
ble & tres affectionne[e o]
beissance, de laquelle [ie]
ne puis vous rendre tr[es]
souuent l'hommage, p[ui]

ue tout mon bon heur
ne despend que de la fa-
ueur de vos bonnes gra-
ces, que ie vous supplie
treshumblement me con-
seruer.

FIN.

Extraict du Priuilege.

PAr grace & Priuilege du Roy,
il eſt permis à LVCAS BREYEL
marchand libraire à Paris, d'imprimer, ou faire imprimer & expoſer
en vente *Les Opuſcules ou Diuers tra-
ctez du ſieur Artus Thomas.* Et ſont faictes defenſes à tous Li-
braires, Imprimeurs & autres, d'im-
primer ou faire imprimer, vendre
ny diſtribuer leſdits liures d'autre
impreſſiõ que de celle dudit Breyel,
& ce iuſques au temps & terme de
ſix ans finis & accomplis, ſur peine de confiſcation deſdicts liures,
par eux imprimez ou vendus, & de
deux cens eſcus d'amende, Donné
à Paris le premier iour de Mars,
mil ſix cens.

Par le Conſeil

DE LA LANE

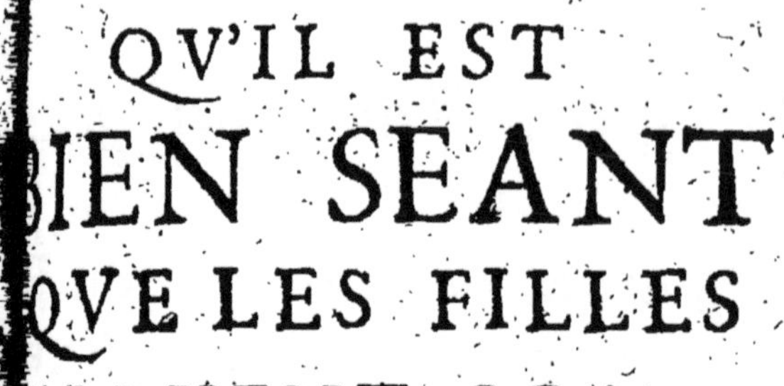

QV'IL EST BIEN SEANT QVE LES FILLES SOYENT SCAVANTES.

DISCOVRS.

A PARIS.

Chez LVCAS BREYEL, tenant
sa boutique au Palais en la gallerie des prisonniers.

1600.

Auec priuilege du Roy.

A
MADAMOISELLE
ELIZABETH
DE LIGNY.

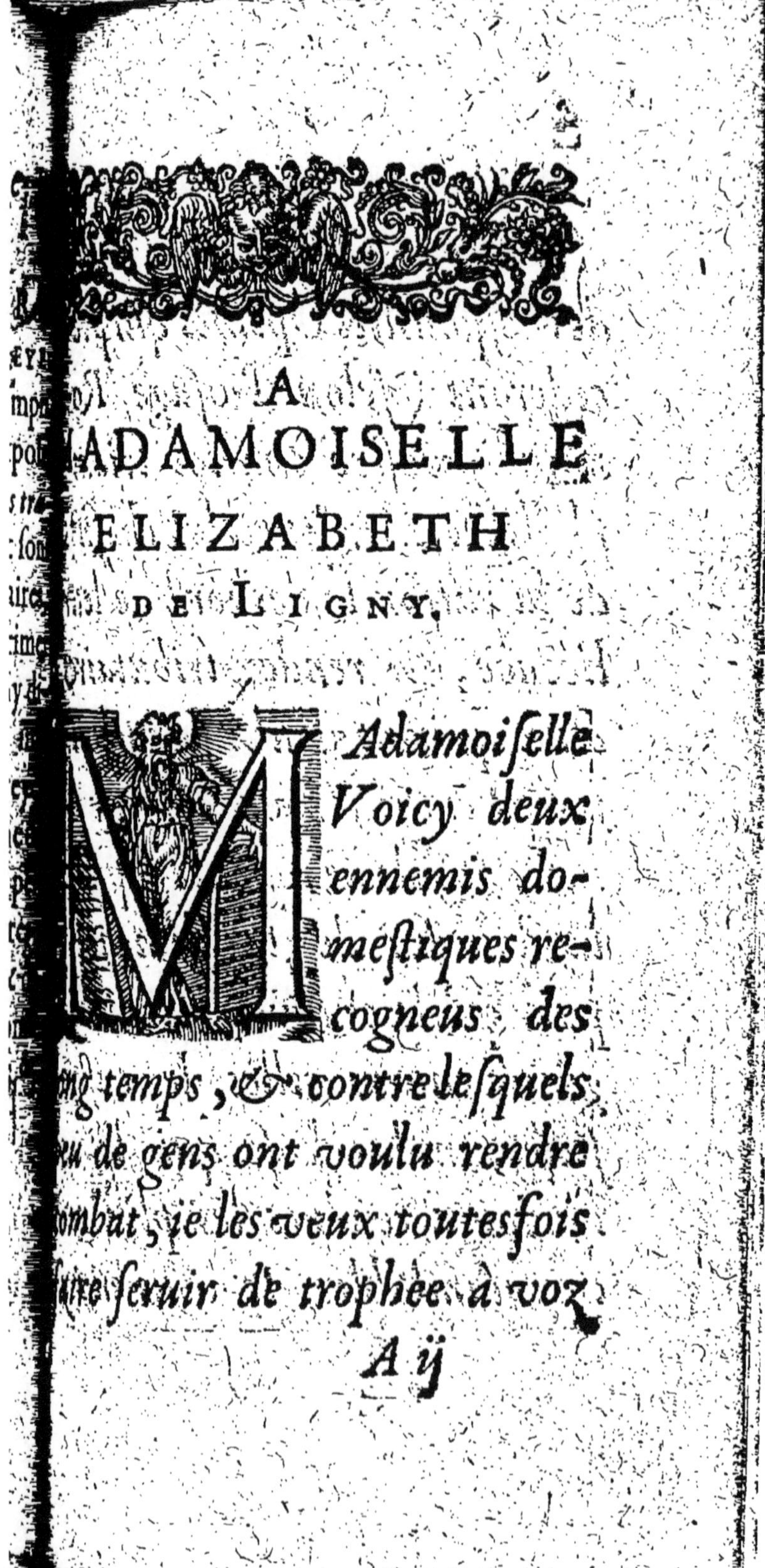

Adamoiselle
Voicy deux
ennemis do-
mestiques re-
cogneus des
long temps, & contre lesquels
peu de gens ont voulu rendre
combat, ie les veux toutesfois
faire seruir de trophée à voz

A ij

perfections, puisque i'ay vain-
cu sous vos Auspices. Ce sont
des despouilles Opimes qui pre-
cederont (selon l'vsage Ro-
main) vostre chariot triom-
phal. Retenez auec les chesnes
de la raison le desbord de leur
licence, & rendez tributaires
ceux qui ont voulu par si long
temps empieter vne souverai-
neté. Qu'ils ne ressentent point
la douceur de la clemence depuis qu'ils ont vsé de toute ri-
gueur enuers celles de vostre
sexe, en la chose qui les a
tousiours rendues les plus re-
commandables. Ie vous enuy

eserué la punition puis que ie
recognois en vous la marque
d'vn Empire par deſſus toutes celles de voſtre âge, pour
l'excellence de vos perfections,
& que vous eſtes l'exemple
viſible de ma propoſition, pouuant par vn meſme eſprit regler l'Economie d'vn meſna-
ge, & comprendre ce qui eſt le
plus eſleué : & qui d'vne meſme main ſçauez charmer les
yeux & les oreilles de ceux
qui ont eſté honorez de la cognoiſſance de tant de graces
qui vous accompagnent, que
mon peu de merite ne peut ho-

A iij

norer que par le silence, &
mon affection seruir qu'auec
l'humilité d'vn qui se dira
toute sa vie,

MADAMOISELLE,

Vostre tres-humble &
obeissant seruiteur
A.   T.

Contre la Coustume
& l'Opinion.

SONNET.

Antosmes de vertu, tyrans de
   noſtre vie,
Qui rempliſſeʒ nos iours de
   toute obſcurité,
Vous n'aueʒ rien en vous que de la
   vanité,
Et celuy qui vous croit n'a que de la
   folie.

Semence de diſcord, l'excrement & la lie
Qui fleſtrit la beauté de la ciuilité,
L'homme auroit icy bas toute felicité
Si vos charmes trompeurs ne luy a-
   uoyent rauie.

Qu'vn eſprit eſt heureux qui recognoiſt
   voſtre art,

Qui par son iugement descouure [vo-]
stre fard,
Et qui ne flechit point à si gr[ande]
sottise.

Car tout vostre pouuoir ce n'est rien [que]
du vent,
Qui cause à son leuer vn peu de tr[em-]
blement,
Mais qui n'offense point celuy q[ui]
mesprise.

Sur le mesme suiect

QVATRIN.

Deux choses sont & n'ont poin[t de]
substance,
Qui font mouuoir & n'ont point d'a[ction]
Qui sõt sans force & ont toute puiss[ance]
C'est la Coustume & nostre Opinion.

AVTRE.

Mesle le doux auecques l'amertu[me]
Si tu veux bien te conduire à pro-
pos:
Mais si tu veux viure en quelque repo[s]
Suy la Raison & laisse la Coustume.

QV'IL EST
ᴮIEN SEANT
ᴏVE LES FILLES
ſoyent ſçauantes

DISCOVRS.

ᴵL n'y a rien ſous
le Soleil plus ca-
pable de gloire
& de louange
ꝗue l'homme, rien plus di-
ᵍne de hôte & de meſpris.
ᴶe ne veux point mainte-
ᵑant rebatre ſur la recer-

che de ses perfections, encore moins sur le denom-
brement de ses miseres:
veuë de ces chemins
frayez me lasse auparauant
que d'y auoir chemine.
Mais ie veux dire qu'en
tout ce qui se remarque
en luy plus digne de com-
passion, c'est de s'estre as-
sujecty à deux choses in-
animees, incognues, &
qu'à peine peut-il defi n i r,
c'est la Coustume & l'O-
pinion : Toutesfois afin
que ie puisse plus facilement dóner quelque sa-

me à ce discours, puis que
l'estre reel m'est incognu,
il faut en trouuer vn dans
la definition.

La Coustume est vne
habitude publique à quel-
que chose enfantee par le
hasard, nourrie par l'Im-
prudence, & supportee
par vne longue suitte de
temps.

L'Opinion est vn fan-
tosme sans figure, qui
prend son estre en l'ima-
gination, & sa forme en
vne idee persuasiue.

Voyla les deux Polles,

autour desquels tournen
continuellemét les esto
les des humaines action
Ainsi les puis-ie bien nō
mer, puis qu'ils me font
tellement imperceptible
que la veue de ma con
noissance ne peut donne
dans leur nature. chose
strange! que l'homme
plein de presumption
tant amateur de sa glo
re & de sa liberté, se ren
de l'esclaue de ce qu'il
cognoist point.

Et toutesfois ses disgra-
ces l'ont conduit à ce

onct, que ces deux cho-
s sont le iour & la nuict
e ses actions & de ses
ensees, il est emporté par
s vents côtraires, & tout
est de faire naufrage, il
rend plaisir en sa perte,
faire des delices de sa
uleur : Car se void-il
en auiourd'huy par l'v-
uers qui ne fasse ioug à
es deux Tyrans? Ils con-
uisent les Roys, ils for-
ent les sages, ils commã-
dent aux ignorans, & en-
emis mortels de la raison
& de la prudence : ils se

sont rangez du party de
la Fortune, à laquelle ils
seruent d'arcs-boutans à
toutes ses entreprises, &
par laquelle ils meuuent
tout sans mouuoir : De
sorte qu'ils ont donné tel
fondement à leur empire,
que nous choisirions plus-
stost que toutes choses
fussent renuersées, que de
changer la Coustume.
Nous souffririons plus vo-
lontiers que la verité fust
du tout aneantie, que d'aller contre nostre opinion.
Voyez-en les effects faux

...tions plus domestiques,
mais tirez-en l'exemple de
e discours.

Voicy les maximes de
...ux qui s'estimét les plus
...uisez. La science & la sa-
...esse se rencontrent rare-
...ent en vne fille : elle ne
...oit auoir autre escole que
...e mesnage, autre liures
...ue ses ouurages. Leur hó-
...eur se conserue mieux
...ar le silence que par la
...arole. Celle qui a tant de
...scours, porte ordinaire-
...ent l'affront dessus le
...ont. Il suffit qu'elles soiét

conduites sans vouloir cõ-
duire. L'authorité est in-
compatible à leur fragili-
té. L'vsage commun y re-
pugne, & la croyance vul-
gaire qui les renuoye à la
quenouille, est suffisante
pour renuerser tout ce qui
se peut dire à l'encontre.
Nostre siecle plus heureux
que cestuy-cy, n'a point e-
sté si curieux, & auec sa
simplicité il s'est conserué
en integrité. Bref i'aime-
rois mieux vne Lucrece
qu'vne Cornelie.

Ce sont les raisons de

ceux

ux à qui l'aueuglement
e la couſtume, & les te-
ebres de l'opiniaſtreté
t faict perdre la reigle
d'eſquierre de la raiſon,
quels ſans aucune ſym-
etrie en leurs ratiocina-
ons, ne s'arreſtent qu'à
ſuperficie des choſes,
ns en profonder les eue-
ements.

Mais afin qu'il ne ſem-
le point que ie vueille
op curieuſement recer-
her des lumieres en vn
biect ſi tranſparent, ie
e m'aideray d'autres ar-

gumens , que ceux mef...
mes dont ils se seruent, f...
premierement vous me f...
permettez de vous def...
peindre l'Ignorance : que...
ie ne puis definir autre...
mét, qu'vn vuide, vn neãt...
vne eternelle mort , l'en...
nemie de la nature, l'assoupissement des esprits, la...
priuation de toute felici...
té. C'est pourquoy le souuerain Oracle a dit , Que...
l'Ignorant sera ignoré...
Pourquoy auroit-on auss...
souuenance de luy s'il n'a...
point cogneu ? Et com...

ment aura-il peu cognoi-
stre s'il n'a sceu ? Certes ce
sont choses incōpatibles,
ceste pesante masse de
corps si grossiere, ne peut
s'exaler en haut, si elle n'est
premieremēt purifiee par
le feu de l'Intelligence : il
n'y a que les rayons du
çauoir qui puissent sub-
tiliser ceste humeur terre-
stre. tout ce qui se void i-
cy bas ne sert que de fo-
mentation à la mortalité.
Qui pourra nier que les
diuersitez, les vertus & les
proprietez des œuures du

Createur , que les prece-
ptes & enseignements di-
uins sont du tout super-
flus , si la cognoissance en
est inutile ? Et quelle im-
pieté de s'imaginer vne
Deité sans raison? vne creation sans, cause ? Il est du
tout absurde , & hors du
sens commun de tous les
hommes. Cela soit donc
tenu pour vn fondement
veritable, que la science est
infailliblement necessaire
à l'humaine nature : que
c'est par elle qu'elle est esleuee par dessus toute crea-

ture, & qu'en elle consiste
la meilleure partie de sa
felicité.

Mais, diront-ils, nous
sommes d'accord que la
science est bien seante à
l'homme, & que c'est par
luy qu'elle doit receuoir
son lustre : mais en vne
femme, en vne fille, nous
ne le trouuons pas seule-
ment superflu, ains de fort
mauuaise odeur. Voila v-
ne fort plaisante distin-
ction, comme si l'ame de
la femme n'estoit pas es-
gale à celle de l'homme, si

elle ne partoit pas d'vn
mesme principe, & ne té-
doit pas à mesme but, si
estant creé d'vne mesme
nature, elle n'estoit pas
douee de mesmes graces:
& si les loix du salut a-
uoyent quelque speciali-
té plustost pour l'vn que
pour l'autre sexe.

Voyez l'erreur: La fem-
me a l'esprit plus deslié,
l'apprehension plus sub-
tile, l'inuention plus pró-
pte, & la memoire plus
heureuse que l'homme,
toutes parties tres propres

&tres neceſſaires à la ſciē-
ce: & combien que la na-
ture luy aye donné toutes
ſes choſes tres abondam-
ment, auec vńe liberté
pour en vſer: ceux-cy veulent qu'elles ſoyent du
tout aſſoupies en elle, &
priuer par ce moyen la
nature de la gloire de ſon
ouurage.

Et non contents de ce-
ſte croyance, ils ont encore vne abſurdité plus e-
ſtrange, de dire que la
ſcience & la ſageſſe ſont
incompatibles, veu que

B iiij

l'vne est cause efficiente
de l'autre. C'est chose hors
de toute doute, que la le-
cture des bons liures, la
science des mœurs, la co-
gnoissance des actions humaines en leurs euéne-
ments, qui se recognoissent aux histoires ancien-
nes, rendent la nature
mieux composée, les affe-
ctions mieux reglees, & le
iugement plus solide: que
la contemplation des œu-
ures de la nature, & la cer-
titude de la prouidence
diuine en la conduite de

l'vniuers, rendent vne a-
me bien plus esleuee en
la meditation de sa saincte
Majesté, plus deuote &
plus affectionnee en l'o-
beissance de ses sainctes
loix. Or est-il que la nette-
té de la vie en nos mœurs,
& la pureté de la foy en
nostre ame, sont causes es-
sentielles de nostre beati-
ude, lesquelles comme
i'ay dict, nous pouuons
acquerir par la science, qui
s'engendre en nous par v-
ne longue & continuelle
estude, ou par vne gran-

de & familiere commu-
nication auec les fçauants.
Il faut donc apprendre
non seulement pour se
beatifier, mais aussi pour
se defendre des trauerses
de la fortune, & pour se
fçauoir conduire parmy
les negoces humaines.

Pour le premier n'est-il
pas vray qu'vne ame abis-
mee dans l'Ignorance, de
qui la meditation n'a ia-
mais passé les bornes du
temps present, est incon-
tinent accablee de misere,
& de desespoir au moin-

dre reuers de quelque
changement? & que faute
d'auoir appris le cours de
la vicissitude des choses,
elle se croit la plus infor-
tunee de toutes les crea-
tures? que toutes choses
ont conspiré sa ruine, &
que iamais il n'y eut malheur au monde semblable
au sien? puis comme hors
de soy mesme, elle s'attaque à l'autheur mesme de
la Nature, & luy deman-
dant compte de ses actiós!
veut qu'il luy donne le
grain sans la paille, le vin

fans la lie, & le miel fans la
cire: croit bien que tout ce
qui eſt au monde eſt faict
pour la ſeruir, mais qu'elle n'eſt au môde que pour
viure. Ou l'ame illuminee
d'vne parfaicte cognoiſ-
fance, bien que la conti-
nuation de ſes malheurs
l'emportent quelquesfois
iuſques à des plaintes fort
lamentables: ſi eſt-ce que
elle ſe releue incontinent
ou par vne ſubmiſſion à
l'ordonnance diuine, ou
par vne eſperance de l'aſ-
ſiſtance certaine de ſa fa-

ueur, ou par vne confo-
lation en la memoire de
ceux qui font ou qui ont
efté autant ou plus affli-
gez qu'elle ne peut eftre,
& croit qu'eftant venuë
comme efclaue au mon-
de pour mourir, elle y
doit patir pour apres re-
uiure.

Quand au fecond, cha-
cun void combien l'Im-
prudence eft caufe de malheurs & de miferes. Les
affaires tant publiques
que particulieres, n'ont iamais vne bonne fin qui

font conduites à la volée,
& tout malheur fuit à la
longue celuy qui fe laiffe
emporter par le hafard.
Et qui peut mieux nous
conduire à ce bel aftre,
que cefte voye lactee de
la fcience des chofes? Qui
pourra diffiper les tene-
bres palpables de confu-
fion, que ce clair flam-
beau de l'intelligence? Or
les femmes font fujectes
à toutes ces chofes, en
quelque eftat qu'elles
puiffent eftre : & par con-
fequent la fcience leur eft

neceſſaire , voire d'autant
plus qu'eſtant d'vn ſexe
aſſez impuiſſant , la debi-
lité corporelle doit eſtre
recompenſee par la vi-
gueur ſpirituelle.

Combien remarque-on
de filles auoir eſté trom-
pees par la ſubtilité de
leurs pourſuyuans , faute
d'auoir peu donner dans
leurs ruſes , la ſimplicité
de leur nature, ou pluſtoſt
leur ignorance leur em-
peſchant de deſcouurir
leurs intentions? Et bien
qu'il s'en ſoit trouué quel-

ques sçauantes qui n'ont
pas esté des mieux adui-
sees, outre ce que le nombre en est fort rare, on remarque assez que la cau-
se de leur folie n'a pas pro-
cedé de sçauoir, mais de
leur desreglé vouloir: tout
ainsi que la corruptiõ des
mœurs ne prouient pas
de la grace diuine, encore
que celuy qui en a eu le
plus abondáment soit bié
souuent le plus corrom-
pu. Et certainement c'est
bien peu deferer à la science, de ne luy attribuer au

moins autant qu'à son cō-
traire. Ils veulent que l'I-
gnorance se puisse garder
& ne croyent pas que le
ſçauoir se puiſſe defendre.

Il eſt bien vray que ie
ne leur deſire pas vne ſciē-
ce trop recerchee, vn ſçauoir curieux, friuole & inutile: Ie leur ſouhaitte ſeu-
lement celle qui peut eſ-
claircir la cognoiſſance &
rendre plus ſolide le iugement. Qu'elles ſe nourriſ-
ſent d'vn fruict plein de
ſubſtance, & que ſi tra-
uerſant par ce grand iar-

din des Muses, elles en rencontrent quelqu'vn plus
delicieux? ie desire qu'elles
en tastent comme par es-
say, & non pour s'y arre-
ster : vne fille bien nee le
fera ainsi , & sçaura , ie
m'asseure, fort bien trier
les sauuageons d'auec les
bonnes antes.

Qu'on ne me vienne
donc point discourir du
mesnage, c'est bien l'vne
de leurs occupations, mais
c'est trop peu pour vn esprit bien tendu, pour vne
intelligence plus esleuee,

demeurer touſiours dans
ceſte fange, c'eſt eſtre né
ſous vne côſtellation trop
brutale. Il faut regarder le
Ciel, & apres le ſoing du
corps, ſe ſouuenir auſſi
quelquesfois de l'eſprit.
Ioinct qu'vne femme au-
ra bien plus de preuoyan-
ce, dônera bien plus d'ordre, ſe fera bien mieux
reſpecter apres la commu-
nication de quelque bon
liure, que celles qui trop
ſcrupuleuſes penſent a-
uoir fort intereſſé leur renommee, ſi elles ont pre-

sté l'oreille à quelque ho-
neste discours.

Quant au silence qu'ils
veulent faire obseruer, ie
n'approuue point verita-
blement l'affeterie, encore moins l'effroterie : mais
pourquoy reprouueray-ie
la Modestie ? Et comment
la puis-ie cognoistre sinon
par l'action ? Le silence est
vne priuation, vne idee de
la mort, vne image du
neant. C'est par la parole
sage que ie recognois la
fille d'honneur : ceste pierre de touche me faict co-

moistre son bon ou mau-
ais alloy. Mais qui peut
onner meilleure forme à
a parole, qui peut mieux
tenir la langue dedans
es resnes de la raison , v-
er de termes propres à
ersuader ou dissuader en
emps & lieu, que la scien-
e. Nous ne sommes plus
pectateurs de ces anciens
mysteres du Paganisme,
ou le bruict estoit tellement defendu, que le cry
d'vne souris estoit suffisant
d'interrompre leurs plus
secrettes ceremonies : ny

dans l'escole de Pythago-
ras, où il falloit obseruer le
septainere du silence. La
parole est vn don de Dieu,
l'vne des marques essen-
tielles de la sagesse, pourquoy n'en vseray-ie? S'il y
a des araignes qui con-
uertissent en venin le suc
des plus odorantes fleurs,
mespriseray-ie pourtant
la douce liqueur des auet-
tes? Le soleil faict quelques
fois mal à la teste, n'vseray-
ie iamais de sa lumiere?
Ce sont abus, les choses
du monde sont tellement

contrepesees du bien &
du mal, de la vertu & du
vice, que celuy qui vou-
droit quitter l'vn pour
crainte de l'autre, seroit
contrainct de demeurer
comme vne idole sans
mouuement. Ie diray plus
que ceste taciturnité en
vne fille donne bien sou-
uent plus de temerité à
celuy qui la recherche, &
se licentie de dire des choses à l'ignorante, qu'il tient
cachees dedans ses plus secrettes pensees, s'il se ren-
côtre auec vne qui ait leu.

Mais il ne faut pas que les femmes ayent de l'authorité, il suffit qu'elles soyent conduites. C'est merueille de vouloir rendre serf par la tyrannie ce qui est libre par la raison. La femme est esgale en toutes choses à l'homme, ceux-cy veulent qu'elle luy soit du tout inferieure. Dittes moy donc si vous auez vsurpé ce commandemét que craignez-vous? vous auez les forces en la main, les Amazones ne resusciteront plus, & la

co-

cognoissance des lettres
ne sera pas bastante pour
les faire secoüer le ioug.
Que si vous auez ceste
souueraineté du Souue-
rain, il n'y a rien qui vous
les puisse rendre plus o-
beissantes que la persua-
sion qu'elles en auront par
l'intelligence des lettres.
Mais s'il est ainsi qu'il faut
que la femme comman-
de auec l'homme, quand
ce ne seroit qu'à son mesnage côme veulent ceux
cy, & que nous auons
monstré cy dessus, que le

C

commandemét sans pru-
dence n'est qu'vne con-
fusion, que la prudence
ne peut estre sans cognoissance, la cognoissance sans
science: ne faut-il pas qu'ils
aduouent la science estre
du tout necessaire à la femme?

Mais ce sexe a l'esprit
trop fragile pour s'emba-
rasser en choses si profon-
des. Vous vous trompez,
i'ay desia dict qu'elle y a pri
toutes ses functions plus
propres & plus disposées
que l'homme. Toutesfois

posons le cas qu'il soit ainsi: La medecine n'est pas
pour les sains: les contre-
poisons pour les bonnes
viandes: on ne dône point
de colyre à vn clair-voyãt,
où sera le refuge du malade qu'au medecin ? Per-
mettez au moins que i'vse
des remedes ! peut-estre
receuray-ie guerison. Or
est-il qu'il n'y a rien qui
donne plus de poids à l'esprit, qui puisse mieux arre-
ter ses ressorts, ny qui luy
asse plus remarquer ses
defauts, qu'vne bonne &

C ij

solide doctrine.

Leurs opinions estans ainsi renuersees, il ne me reste plus que d'esbranler la principale colonne de leur bastiment, qui est la Coustume, afin que comme vn autre Samson, i'accable ces Philistins sous leur edifice. I'en ay faict la definition & la demonstration, il me reste seulement à dire, que presque en toutes choses la Coustume est contraire à la Raison, & qu'elle prend tousiours son fondement

du vulgaire, lequel est de
sa nature ignorát, enuieux
si quelqu'vn sçait plus que
luy, inconstant, sans raison, & qui emporté par
les vagues de la folie, a
tousiours des resolutions
tumultueuses & pleines
d'indiscretion, beste fu-
rieuse à plusieurs testes &
plusieurs conseils, que
tous les sages, tant anciens
que modernes, ont tous-
iours euitée à leur possible. De se ranger sous les
loix de ce monstre (outre
que ce ne peut estre sans

C iij

vn hebetement des sens,
& sans vn assoupissement
de la raison) ie croy que
c'est vne espece d'impie-
té, puis qu'en ce faisant on
contrarie aux ordonnan-
ces de la diuinité.

Pour le regard de leur
siecle si fortuné ie trouue
que cestuy-cy est venu de
sa semence , & que c'est
tousiours vne mesme es-
pece de fruict, lequel par
vne plus douce constella-
tion du Ciel , s'est rendu
maintenant plus delicieux
& plus plaisant au goust,

pluftoft de la reformatió.
Et puis ceft argument ref-
fent bien encore fon vieil
temps, de voir que toutes
chofes en la nature ont
leur ordre & leurs chan-
gemens, de difpofer foy-
mefme de fa vie felon i-
ceux, & de ne vouloir pas
dreffer nos actions felon
la mefme reigle : La mu-
ration des faifons change-
ra nos humeurs, & la re-
uolution des âges ne chá-
gera pas nos mœurs : Cela
eft côtre le fens commun.
C'eft par force qu'il faut
fuyure le cours des defti-

nees, ce premier mouuant
nous emporte par la vi-
stesse de son cours: Et bien
que nous ayons nostre
mouuement particulier,
si faut-il se rapporter tousiours à ce principe: il faut
selon la disposition des
corps, leur preparer la
nourriture, & selon la lumiere des esprits, leur dóner plus ou moins de co-
gnoissance. On a veu en
cest âge là des hommes
portans barbe encore tous
ignorans: on void en ce-
stuy-cy des enfans au sor-
tir de l'enfance desia tous

qu'il n'estoit du temps de
ceste grossiere temperatu-
re, laquelle neantmoins
sous ses cendres couuoit
les flames de nostre cor-
ruption. Si la chose n'estoit
assez cognue, ie m'esten-
drois dauantage sur sa des-
cription: mais la sensible
experience que nous en
auons, & les discours que
nous oyons faire de leurs
superfluitez, de leurs des-
bauches & de leurs deli-
ces, (quoy que grossieres)
nous enseignent assez que
ce sainct âge a recerché la

C iiij

volupté à son possible,
qu'il n'a sceu toutesfois
rencõtrer qu'obliquemét
sa mignarde compositiõ,
ne pouuant directement
souffrir ses lourds attou-
chemens, & qu'à present
en ce siecle plus subtil, elle est peut estre plus cognue, mais à l'aduanture
moins desiree.

Ce pendant en quelque
estat que puissent estre les
choses de ce costé là, cela
ne faict rien contre la scié-
ce, qui n'est iamais cause
du desbordement, ains

sçauás. Ces petites lumieres penetrent soudain de-
dans la cognoissance, dis-
sipent incontinent l'ignorance. Or ce feu si vif, &
si subtil se prend inconti-
nét à toute matiere: pourquoy luy voulez-vous de-
fendre celle qui le peut
conduire à l'immortalité?
La femme a naturellemét
l'esprit plus prompt que
l'homme : combien pen-
sez-vous qu'elle l'ait à present plus purifié? Or la cu-
riosité de sçauoir ne luy
pouuant estre ostee, l'in-
fluence qui regne auiour-

d'huy luy conduifant : il
faut par force que vous
luy accordiez la cognoif-
fance de cefte voye eftroi-
cte de la vraye fcience, fi
vous ne voulez qu'elle
fuyue le chemin battu de
la corruption, à laquelle
eftans enclins dés la naiffance, & d'ailleurs incitez
par les exemples, nous ne
pouuons parer fes coups,
que par les raifons tirées
des memoires de ceux qui
ont fagement vefcu.
Recerchez donc tant que
vous voudrez vne Lucref-
ce, ie ne reprouue point

sa vie iusques à la cognoif-
sance de Tarquin: mais en
cefte action là , ie remets
beaucoup de l'opiniõ que
i'auois d'elle : car puis qu'-
elle vouloit souffrir la
mort, elle ne deuoit point
auoir crainte de mourir:
Et cefte timidité me faict
douter de fa pudicité. Mais
vne Cornelie, fort fage ,
fort fçauante , fort belle,
fort riche, & de fort grande maifon, paffa la fleur de
fon âge en vne pudicité
fort exemplaire , & apres
la mort de fon mary Grac-
thus (eftant encore affez

ieune) espousa la viduité,
comme matiere propre à
sa vertu, employant le reste de ses iours en la lectu-
re des bons liures, & en la
frequentation des plus do-
ctes de son temps. Et cõ-
bien qu'elle ait esté recerchee de tous les Roys, qui
estoyent pour lors sujects
& alliez de l'Empire Ro-
main, les vns pour l'auoir
à femme, les autres pour
autre dessein: cõserua neât-
moins sa renommee aussi
belle & aussi florissante,
que si elle eust passé sa vie
dans quelque religion de

Vestales, ou dans l'enclos d'vne maison, parmy des quenouilles & des toilles. Enseignant à la posterité que la science est bien seáte à l'vn & à l'autre sexe, quand ils en sçauent bien vser : C'est pourquoy elle fust tellement admirée du premier & du plus sage peuple de la terre, que d'a-uoir eu des statues en son honneur.

Imitez la donc, mes bel-les, en la vie, afin de rece-uoir pareille recompense en la mort. Et sans vous arrester aux sifflemens de

ces langues venimeuses,
croiſſez touſiours de vertu en vertu, ſon ombre
ainſi que le freſne, chaſſe-
ra bien loing de vous ces
malicieux ſerpens. Laiſſez
croacer ces corbeaux,
vous ne pouuez eſtre leur
curee. Et vous arreſtant au
conſeil des ſages, fuyez l'i-
gnorance comme le plus
dangereux poiſon de la renommee, laquelle par la
ſcience vous conſeruerez
floriſſante, au temple de
l'Immortalité.

FIN.

[illegible handwritten inscription]

re
e
es
ez
)
ur
au
l'i-
us
e-
la
ez
de

9 782019 945565